Edition Maritim

Bodo Müller

Gewässerkarte Müritz

Edition Maritim

Autor und Verlag übernehmen für Irrtümer, Fehler oder Weglassungen keine Gewährleistung oder Haftung. Die Karte dient zur Orientierung und nicht zur Navigation; sie ersetzt also keinesfalls offizielle Karten.

Die Deutsche Bibliothek - CIP-Einheitsaufnahme
Müller, Bodo:
Gewässerkarte Müritz / Bodo Müller. - 2. Aufl. -
Hamburg : Ed. Maritim, 2002
(Deutsche Binnengewässer)
ISBN 3-89225-328-5

2. Auflage
ISBN 3-89225-328-5

Raboisen 8, 20095 Hamburg

Umschlag: Buchholz / Hinsch / Hensinger, Hamburg
Fotos: Bodo Müller, Travemünde
Satz und Lithografie der Fotos: Utesch Satztechnik GmbH, Hamburg
Karten: Jens Rademacher, Hamburg
Druck und Bindearbeiten: Ara-Druck GmbH, Stuttgart

Printed in Germany 2002

Vertrieb: Delius Klasing Verlag
Siekerwall 21, 33602 Bielefeld
Tel.: 0521 / 559-0, Fax: 0521 / 559-113
e-mail: info@delius-klasing.de
www.delius-klasing.de

Inhalt

Vorwort

Der Wassersport an der Müritz, Deutschlands größtem Binnensee, erlebt seit der Wiedervereinigung einen nie gekannten Aufschwung. In den zurückliegenden Jahren sind zahlreiche neue Bootshäfen entstanden, vorhandene Anlagen wurden ausgebaut und modernisiert. Charterfirmen und Dienstleistungsbetriebe für Wassersportler haben sich längst rund um die Müritz etabliert, sodass heute in Sachen Service kaum mehr Wünsche offen bleiben.
Mit dem Boom des Wassersports an der Müritz stieg auch die Nachfrage nach detailliertem Kartenmaterial und einer benutzerfreundlichen Zusammenstellung aller notwendigen Informationen für Wassersportler. Mit der vorliegenden Karte und dem ausführlichen Info-Teil verfügen Segler, Motorbootfahrer, Paddler und Kanuten über alle notwendigen Informationen für die Planung und Durchführung eines Müritz-Törns.

Bodo Müller, im März 2002

Die Müritz

Mit einer Fläche von rund 117 km^2 ist die Müritz nicht nur der größte See Mecklenburgs, sondern auch der größte im vereinigten Deutschland. Mit den sich in Richtung Westen anschließenden Gewässern Kölpinsee, Fleesensee und Plauer See gehört er zu den so genannten Mecklenburger Oberseen. Diese liegen 61,91 Meter über dem Meeresspiegel und bilden den Scheitelpunkt eines weitläufigen Wasserstraßensystems, das in Richtung Westen zur Elbe und in Richtung Süden zur Havel abfließt. Die Abflüsse sind durch Schleusen reguliert, sodass man heute sowohl von Hamburg als auch von Berlin auf eigenem Kiel durch eine paradiesische Landschaft bis zur Müritz fahren kann.
Die Müritz bildet nicht nur das Herzstück dieses seit Generationen bestehenden Kanalsystems, sondern ist heute zugleich das Zentrum des Wassersports in Mecklenburg-Vorpommern und in den neuen Bundesländern überhaupt. Nirgendwo sind in den Jahren nach der Wiedervereinigung so viele Bootshäfen entstanden wie an der Müritz, und nirgendwo ist der Service für Wassersportler so gut ausgebaut.
Die Müritz bietet für jede Art von Wassersport ein ausgezeichnetes Revier – ganz gleich ob jemand segelt, Motorboot fährt, paddelt oder surft.

Anreise auf eigenem Kiel

Die schönsten Wege zur Müritz führen über die Binnenwasserstraßen Mecklenburg-Vorpommerns. Wer über ein entsprechendes Boot und ein paar Tage Zeit verfügt, sollte sich diese romantische Kanalfahrt gönnen.
Grundsätzlich gibt es zwei verschiedene Wasserwege zur Müritz:

1. Von der Elbe zur Müritz: Von Dömitz an der Elbe führt die Müritz-Elde-Wasserstraße über 17 Schleusen bergauf und erreicht nach 149 km die Müritz. Offizielle Tauchtiefe: 1,20 m; maximale Fahrzeugabmessungen: 41,60 m Länge, 5,20 m Breite. Die niedrigste Durchfahrtshöhe unter dem Hubtor der Schleuse Eldena beträgt 3,73 m über Mittelwasser. Für die Anreise von der Elbe zur Müritz sollte man drei bis vier Fahrtage einplanen.
2. Von Berlin zur Müritz: Die Anreise ab Berlin führt über die Havel-Oder-Wasserstraße (Großschifffahrtsweg nach Stettin) bis zum km 40,5, wo man nach Norden in die Obere-Havel-Wasserstraße (OHW) abbiegen muss. In der Ortschaft Priepert (km 75,5 der OHW) muss man nach Westen in die Müritz-Havel-Wasserstraße abbiegen. Nach 31,8 km erreicht man die Kleine Müritz, den südlichen Ausläufer der Müritz. Die Anreise von Berlin ist 147,8 km lang, dabei müssen 15 Schleusen passiert werden. Geringste Tauchtiefe 1,40 m, niedrigste Brückendurchfahrt 3,90 m (jeweils bezogen auf die gesamte Fahrtstrecke).
Für die Reise auf eigenem Kiel von Berlin zur Müritz sollte man mindestens drei Fahrtage einplanen.

Anreise mit dem Trailerboot

Die Müritz ist auf dem Landweg bequem erreichbar, wenn man mit dem Trailergespann über die A 19 (Berlin–Rostock) fährt. Über die Abfahrten Röbel oder Waren erreicht man nach wenigen Kilometern gut ausgebauter Landstraße den See.
Möglichkeiten zum Kranen bzw. Slippen bestehen derzeit in folgenden Häfen (genaue

Sail Point Wassersportzentrum in Waren (o.), der Stadthafen von Waren (u.)

Anschriften und Rufnummern finden Sie unter der Rubrik „Häfen und Liegeplätze“ in diesem Buch, S. 20):
Wassersportzentrum Waren-Kamerun
Müritz-Marina Waren
Röbeler Seglerverein
Marina Claassee
Seglerverein Rechlin
Müritz-Marina Sietow-Dorf.

Sehr gute Möglichkeiten zum Kranen bzw. Slippen bestehen außerdem in Malchow. Der Ort liegt westlich der Müritz an der Müritz-Elde-Wasserstraße. Bis zur Müritz sind es 15 km Wasserweg ohne Schleusen. In Malchow können Sportboote zu Wasser gebracht werden in den Bootswerften Max Thiele (Tel. 039932-14 870) bzw. Malchow-Boot (Tel. 039932-14 771). Beide Werften bieten einen guten Reparaturservice speziell für Sportboote.
Wir empfehlen, das Kranen bzw. Slippen telefonisch anzumelden, damit – insbesondere am Wochenende – entsprechendes Personal zur Verfügung steht. Bei dieser Gelegenheit sollte man auch gleich den Preis mit aushandeln sowie die Abstellmöglichkeiten für das Gespann auf einem bewachten Gelände abklären.

Chartern an der Müritz

An der Müritz kann man inzwischen Sportboote jeder Art und Größe sowie für jeden Geldbeutel chartern. Während Kajütboote (Segel- und Motoryachten sowie Hausboote) überwiegend wochenweise vermietet werden, kann man Kleinboote (Jollen, offene Motorboote, Kanus, Kajaks, Angelkähne) auch tage- oder stundenweise leihen.
Nachfolgend zählen wir die an der Müritz ansässigen Charterfirmen auf und nennen in Klammern die Boote, welche verchartert werden:

Kuhnle-Tours (Hausboote, Segelboote und -yachten, Motorboote), Boekerstraße 1, 17248 Rechlin, Tel. 039823-26 666, Fax 039823-26 626, www.kuhnle-tours.de.

Müritz-Marina Waren (Motorboote und -yachten, Wasserskiboote, führerscheinfreie Motorboote, Kanus, Paddelboote), Am Seeufer 73, 17192 Waren, Tel. + Fax 03991-66 65 13 oder 0171-7 30 24 76.

AME Müritz Charter (Motoryachten), Müritzstraße 14, 17192 Waren, Tel. 03991-66 65 64 oder 12 22 62, Fax 03991-12 22 49.

Sail Point Wassersportzentrum (Segeljollen und -yachten, Motorboote und -yachten, Kanus, Ruder-, Paddel- und Tretboote, Surfboards). Sail Point Wassersportzentrum, Kameruner Weg, 17192 Waren, Tel. 03991-66 66 90, Fax 03991-66 66 91.

Sun Sailing Müritz (Segelyachten), Thomas Philipp, Schulstraße 7, 17192 Klink, Tel. + Fax 03991-12 29 91 oder 0171-4 52 00 62.

Wasser-Service-Center Röbel (Segelboote und -yachten, Motorboote und -yachten), Seebadstr. 37, 17207 Röbel, Tel. 039931-51 133, Fax 039931-51 140, www.wsc-roebel.de.

Müritz-Marina Sietow-Dorf (Motoryachten), 17207 Sietow-Dorf, Tel. 039931-87 10, Fax 039931-50 878, www.mueritz-marina.de.

Bootsverleih Manfred Stolschewski (Motorboote, Angelkähne, Segeljollen, Kanus, Kajaks), Straße der Deutschen Einheit 21, 17207 Röbel, Tel. 039931-52 317.

Yacht-Charter-Service (Motoryachten), Dieter Gerdes, Kirchenallee 13, 17207 Röbel, Tel. 039931-52 180, Fax 039931-52 182.

Jugendherberge Zielow (Ruder-, Motor- und Segelboote), Seeufer 7, 17207 Zielow, Tel. 039923-2547.

Katamaran- und Surfmühle (Surfboard-, Katamaran- und Jollenvermietung), Campingplatz „Bolter Ufer", 17248 Boek, Tel. + Fax 039823-21380.

Kanustation Mirow (Kanus, 2er- und 3er-Kanadier mit Zelt- und Campingausrüstung), Retzower Straße, 17252 Mirow, Tel. 039833-22098, Fax 039833-20345.

Canadier-Station Jugendherberge Mirow (Kanus und Ausrüstung), Retzower Straße, 17252 Mirow, Tel. 039833-22058.

Tokon Sports Zielow (Kanus, Segel- und Motorboote), Thomas Konermann, Seeufer 7, 17207 Zielow, Tel. 039923-2011, Fax 039923-2012.

Verkehrsvorschriften

Auf der Müritz und den angrenzenden Wasserstraßen gilt die Binnenschifffahrtsstraßen-Ordnung (BinSchStrO). Schifffahrtszeichen werden als bekannt vorausgesetzt. Für Sportboote mit Motorantrieb gelten folgende Höchstgeschwindigkeiten:
- auf Kanälen 9 km/h;

auf Seen und seeartigen Erweiterungen (mit einer Gewässerbreite von mehr als 250 m):
- innerhalb des ufernahen Schutzstreifens (100 m) 12 km/h;
- außerhalb des ufernahen Schutzstreifens 25 km/h.

Kennzeichnung von Kleinfahrzeugen

Es gilt die „Verordnung über die Kennzeichnung von auf Binnenschifffahrtsstraßen verkehrenden Kleinfahrzeugen" (Kleinfahrzeug-Kennzeichnungsverordnung Binnen vom 21. Februar 1995, BGBl I, Seite 226). Demnach müssen alle Kleinfahrzeuge (Boote unter 20 m Länge) mit Antriebsmaschine von mehr als 2,21 kW (3 PS) sowie alle Wasserfahrzeuge über 5,50 m Länge, die nur unter Segel fortbewegt werden können, auf Binnenschifffahrtsstraßen ein amtliches oder amtlich anerkanntes Kennzeichen führen.
Die in einem der nachfolgend genannten Dokumente eingetragene Nummer mit Kennbuchstaben muss in mindestens 10 cm großen lateinischen Ziffern/Buchstaben deutlich lesbar am Bootsrumpf angebracht werden – entweder außen an beiden Seiten des Bugs oder am Heck.

Amtliche Dokumente im Sinne der Kennzeichnungsverordnung Binnen sind:
- „der Ausweis über das Kleinfahrzeugkennzeichen"; er wird von allen deutschen Wasser- und Schifffahrtsämtern ausgegeben;
- der „Schiffsbrief"; dieses Dokument erhalten nur Boote, die in einem Binnenschiffsregister eingetragen sind. Binnenschiffsregister werden bei Amtsgerichten geführt;
- das „Schiffszertifikat"; dieses Dokument erhalten nur Boote, die im Seeschiffsregister eingetragen sind. Seeschiffsregister werden bei Amtsgrichten geführt;
- das „Flaggenzertifikat"; dieses Dokument wird vom Bundesamt für Seeschifffahrt und Hydrographie ausgegeben.

Ein amtlich anerkanntes Dokument ist:
- der „Internationale Bootsschein" (IBS). Er wird entweder vom Deutschen Mo-

toryachtverband (DMYV), vom Deutschen Segler-Verband (DSV) oder vom Allgemeinen Deutschen Automobilclub (ADAC) ausgegeben.

Bootsführerschein und Schiffsbrief

Auf den Bundeswasserstraßen ist zum Führen eines Sportbootes mit Maschinenantrieb von mehr als 3,68 kW (5 PS) und weniger als 15 m^3 Wasserverdrängung der Sportbootführerschein Binnen verbindlich vorgeschrieben. Die ehemaligen DDR-Befähigungsnachweise werden weiterhin anerkannt. Auch die früheren Binnenscheine aus den alten Bundesländern (z. B. Motorbootführerschein „A" Binnen) haben weiter Gültigkeit.
Für das Führen von Sportschiffen von mehr als 15 und weniger als 60 m^3 Wasserverdrängung ist das Sportschifferzeugnis verbindlich erforderlich.

Charterschein

Ab 1. Mai 2000 dürfen Chartergäste, die keinen Sportbootführerschein Binnen besitzen, in bestimmten Regionen Deutschlands Charterboote mit dem so genannten Charterschein führen. Diese Regelung ist zunächst auf drei Jahre befristet.
Die Bootsvermieter sind berechtigt, nach gründlicher theoretischer und praktischer Einweisung diesen Charterschein auszustellen. Er ist mit Auflagen verbunden und gilt nur für die vertraglich gebuchte Charterreise. Der Charterschein gilt zwar auf der Müritz-Elde-Wasserstraße (MEW), die auch durch die Müritz führt, doch die Müritz selbst ist von dieser Regelung ausgenommen.
Mit dem Charterschein dürfen Boote nur bis zu folgenden Punkten an die Müritz herangefahren werden:
Von Westen kommend: Bis in die Binnenmüritz (also auch nach Waren). Südlich der Streichlinie der grünen Tonne Eldenburg und der grünen Tonne W7 darf mit dem Charterschein nicht mehr gefahren werden.
Von Süden kommend: Die Kleine Müritz darf noch befahren werden; das Fahren auf der Müritz ist nur bis zur Marina Claassee erlaubt.

Sperrgebiete

Für die Sportschifffahrt gesperrte Wasserflächen sind wie folgt gekennzeichnet: gelbe Tonnen mit rundem Toppzeichen rot-weiß-rot. Besonders zu beachten ist die gesperrte Wasserfläche vor dem Müritz-Nationalpark am Ostufer der Müritz.

Hinweise für den Bolter Kanal

Die so genannte Alte Fahrt, also über den Bolter Kanal nach Mirow, gilt nicht mehr als Bundes-, sondern als Landeswasserstraße. Lediglich die Einfahrt in den Bolter Kanal bis zur zugeschütteten Schleuse Bolter Mühle untersteht noch der Bundeshoheit und kann, wenn nicht anders ausgeschildert, uneingeschränkt mit Sportbooten befahren werden. Skipper von Segelyachten sollten eine tief über dem Wasser hängende Stromleitung am östlichen Ende des Kanals beachten, unmittelbar vor der zugeschütteten Schleuse.
An der ehemaligen Schleuse Bolter Mühle können kleine Boote auf einem Slipwagen umgesetzt werden. Auf den östlich folgenden Gewässern Caarpsee und Woterfitzsee gilt ein totales Fahrverbot für motorgetriebene Sportboote, auch für Boote mit Elektroantrieb. Beide Seen gehören zur Kernzone des Müritz-Nationalparks.

Das gleiche Verbot gilt auch für die sich südlich anschließenden Gewässer Leppinsee bis Möschensee, jedoch mit folgender Ausnahme: Anwohner mit festem Liegeplatz sowie Mirower Angler mit entsprechender Angelkarte dürfen die Strecke von Mirow bis zum Leppinsee mit motorgetriebenen Sportbooten befahren.

Segelverbot

Auf den Bundeswasserstraßen ist das Segeln auf Kanälen verboten. Segelverbot in diesem Sinne besteht also auf dem Reeckkanal (Müritz-Elde-Wasserstraße/westliche Zufahrt zur Müritz) und dem Mirower Kanal (Müritz-Havel-Wasserstraße/südliche Zufahrt zur Müritz).

Natur- und Umweltschutz

Die Mecklenburger Seenplatte mit der Müritz im Zentrum bildet ein in Europa einzigartiges Naturparadies. Das Land ist relativ dünn besiedelt, es gibt kaum Industrie, und die Unberührtheit weiter Landstriche ist nahezu atemberaubend. Die Region um die Müritz ist zugleich das letzte Gebiet in Mitteleuropa, wo der vom Aussterben bedrohte

Marina Schloss Klink an der Müritz

Fischotter noch frei lebt. Wer in langsamer Fahrt aufmerksam durch die kleinen Nebengewässer steuert, kann mit etwas Glück die Tiere beobachten.
Es liegt nicht zuletzt auch an den Wassersportlern, dieses Paradies zu schützen und zu erhalten. Vermeiden Sie es, die Gewässer und Uferzonen durch Müll oder Abwässer zu verunreinigen. Das Befahren der mit Seerosen, Lilien und Schilf bewachsenen Flachwasserbereiche ist grundsätzlich tabu. Das gilt auch für den nächtlichen Ankerplatz.
Am Ostufer der Müritz beginnt der Müritz-Nationalpark, eine in Europa einzigartige Wald- und Seenlandschaft. Die 318 km^2 große Fläche genießt seit 1990 den höchsten Schutzstatus nach dem Bundesnaturschutzrecht. Hier kann der Besucher auf seinen Wanderungen durch ausgedehnte Wälder mit über einhundert Seen, zahlreichen Sümpfen und Mooren sowie dem Flusslauf der oberen Havel noch nahezu unberührte Natur erleben. Der Nationalpark gilt in Europa als letztes Rückzugsgebiet für Großvögel wie Kraniche, Seeadler und Fischadler. Außer den Großvögeln leben hier weitere 240 Vogelarten, von denen viele vom Aussterben bedroht sind.
Aus diesem Grund darf der Nationalpark nur im Rahmen geführter Wanderungen, Fahrradtouren oder Kutschfahrten besucht werden. Informationen und Buchungen über folgende Adresse:
Waren/Müritz-Information
Neuer Markt 21
17192 Waren
Tel. 03991-66 61 83, Fax 03991-66 43 30, www.waren-tourist@t-online.de.

Service rund ums Boot

Nachfolgend werden alle größeren Servicebetriebe für Wassersportler rund um die Müritz genannt:

Waren
Segelcenter LUV & LEE
Ausrüstungsladen direkt am Stadthafen Waren, umfangreiches Angebot an Bootszubehör und Wassersportbekleidung. Anschrift: LUV & LEE, Andreas Barczynski, Strandstr. 3, 17192 Waren, Tel. 03991-66 64 37.

Boots-Center Felten
In der Motorenwerkstatt von Hans Werner Felten & Sohn werden alle gängigen Typen von Bootsmotoren verkauft und repariert. Die traditionsreiche Werkstatt übernimmt weiterhin den Service für Bootsmotoren aus ostdeutscher bzw. russischer Produktion. Auch in Eigenbau marinisierte Pkw-Motoren werden gewartet und repariert. Winterlager in der Halle, inklusive Motorinspektion, wird angeboten.
Anschrift: Boots-Center Hans Werner Felten & Sohn, Müritzstr. 11, 17192 Waren, Tel. 03991-66 65 64 oder 12 22 62; Fax 03991-12 22 49.

Müritz-Marina Waren
Auf dem Gelände der ehemaligen Fischereigenossenschaft in Waren (unweit vom Stadthafen) wird folgender Service geboten: Bootsmotorenreparatur und -handel, Bootsbau und -handel, Verkauf von Zubehör. Anschrift: Müritz-Marina, Am Seeufer 73, 17192 Waren, Tel. + Fax 03991-66 65 13 oder Tel. 0171-7 30 24 76.

Klink
Bootsausrüster Blum
In Klink, unmittelbar an der B 192, befindet sich der Bootsausrüster Peter Blum. Neben dem üblichen Bootszubehör hat sich die

Imposante Kulisse am Ufer: Schloss Klink (o.), die Müritz-Marina in Sietow-Dorf (u.)

Firma auf die Anfertigung und Reparatur von Persenningen und Polstern spezialisiert. Auch werden Trailer verkauft, Gespanne verliehen und Bootstransporte übernommen. Anschrift: Bootsausrüster Peter Blum, An der B 192, 17192 Klink, Tel. 03991-12 29 36.

Rechlin
Marina Claassee
Die von der Firma Kuhnle-Tours GmbH erworbene Werft am Claassee übernimmt Neubau- und Reparaturaufträge; umfangreicher technischer Service. Anschrift: Kuhnle-Tours, Boekerstr. 1, 17248 Rechlin, Tel. 039823-21 107 oder -26 688, Fax 039823-21 108 oder -26 628.

Röbel
Wasser-Service-Center
Das an der Einfahrt in den Röbeler Binnensee gelegene Wasser-Service-Center handelt mit Bootsausrüstung und bietet einen umfangreichen technischen Service. Anschrift: Wasser-Service-Center, Seebadstr. 37, 17207 Röbel, Tel. 039931-51 123, Fax 039931-51 140.

Angeln

Die Müritz und die benachbarten Gewässer sind sehr fischreich. Angeln ist nur mit gültiger Angelkarte erlaubt.
Folgende Stellen geben Angelkarten für die Gewässer in Mecklenburg-Vorpommern aus:
- Fischerei Müritz-Plau GmbH in Waren, Tel. 03991-15 340,
- die Verwaltungen der Campingplätze,
- Fachgeschäfte für Angelbedarf.

Fahrradverleih

Die Firma Burau-Mobil in Waren verleiht Fahrräder, die an Bord von Sportbooten one way mitgenommen und an 11 Stationen (rund um die Müritz bzw. in Richtung Westen bis Parchim und in Richtung Berlin bis Burgwall) wieder abgegeben werden können. Anschrift: Burau-Mobil, Lloydstraße 2b, 17192 Waren, Tel. 03991-73 25 50, Fax 03991-16 80 32.

Tauchen

Tauchkurse, Verkauf und Verleih von Tauchzubehör sowie das Füllen von Flaschen bietet an:
Müritz-Marina, Dorfstr. 19b, 17209 Sietow-Dorf, Tel. 039931-50 888.

Campingplätze

Folgende Campingplätze sind für Wassersportler besonders zu empfehlen. Sie liegen direkt an der Müritz bzw. den angrenzenden Gewässern, wo Surfbretter oder kleine Boote wie Kanus oder Kajaks leicht zu Wasser gelassen werden können:
- „Camping Kamerun“: Kameruner Weg, 17192 Waren, Tel. 03991-12 24 06;
- „Camping Ecktannen“: Fontanestraße, 17192 Waren, Tel. 03991-66 85 13, Fax 03991-66 46 75;
- „Camping Sietower Bucht“: Dorfstr. 21, 17209 Sietow, Tel. 039931-52 068.
- „Campingplatz Hirschberg“: Schloßstr. 4, 17207 Gotthun, Tel. + Fax 039931-50 965.
- „Müritz Camp Gotthun“: Schloßstr. 4, 17207 Gotthun, Tel. 039931-52 615, Fax 039931-53 702.
- „Campingplatz Pappelbucht“: Seebadstr. 38c, 17207 Röbel, Tel. 039931-59 113, Fax 039931-51 124.
- „Campingplatz Ludorf“: 17207 Ludorf, Tel. 039931-51 640.
- „Campingplatz Buchholz am Müritzsee“: 17709 Buchholz, Tel. 039923-24 57.

Im Wasser-Service-Center Röbel (o.), der Stadthafen Röbel (u.)

- „Naturcamping Bolter Kanal Müritzparadies“: 17248 Boeker Mühle, Tel. 039823-25 30, Fax 039823-25 32 32.
- „Campingplatz C15 Bolter Ufer“: 17248 Rechlin, Tel. 039823-21 211.
- „Campingplatz C16 Boek“: 17248 Boek, Tel. 039823-21 807.

Sehenswürdigkeiten

- *Müritz-Nationalpark:* Adresse siehe unter Natur- und Umweltschutz.
- *Müritz-Museum Waren:* Ausstellung zur Regionalgeschichte, Müritz-Aquarium, Garten. Müritz-Museum Waren, Friedensstr. 5, 17192 Waren, Tel. 03991-66 76 00, Fax 03991-66 76 01.
- *Heinrich-Schliemann-Museum:* Das original erhaltene Pfarrhaus beherbergt eine Ausstellung über den Altertumsforscher und Entdecker von Troja. Dorfstraße 34, 17219 Ankershagen, Tel. 039921-32 52, Fax 039921-32 12.
- *Marienkirche Röbel:* Der 58 m hohe Turm kann bestiegen werden und bietet den besten Rundblick über die Müritz.
- *Wildpark Boek:* In dem ca. 80 ha großen Freigehege sind Tiere der Müritz-Region zu sehen, Tel. 039823-29 120, Fax 039823-29 12 69.

Rundflüge

An Wochenenden und Feiertagen sowie nach Voranmeldung auch in der Woche starten vom Flugplatz Rechlin-Lärz Rundflüge über die Müritz.
Info und Anmeldung: Müritzflugplatz Rechlin-Lärz, 17248 Lärz, Tel. 039833-22 282, Fax 039833-22 283.

Wichtige Adressen

Wasser- und Schifffahrtsdirektion Ost
Stresemannstraße 92
10963 Berlin
Tel. 030-269 90 20, Fax 030-26 99 02 70

WSA Lauenburg/ Außenbezirk
Waren/Müritz
Gerhart-Hauptmann-Allee 6a
17192 Waren
Tel. 03991-18 15 50, Fax 03991-181 55 35

Wasserschutzpolizei-Inspektion Waren
Gerhart-Hauptmann-Allee 6
17192 Waren
Tel. 03991-74 730, Fax 03991-74 73 25

WSP-Station Mirow
Am Mühlendamm 15
17252 Mirow
Tel. 039833-22 314 oder 22 315, Fax 22 315

Waren/Müritz-Information
Neuer Markt 21
17192 Waren
Tel. 03991-66 61 83, Fax 03991-66 43 30,
www.waren-tourist@t-online.de

Fremdenverkehrsverein
Südliche Müritzregion e.V.
Neuer Markt 2
17248 Rechlin
Tel. 039823-21 261, Fax 039823-21 267
www.suedmueritz.de

Tourist-Information Röbel
Am Hafen
17207 Röbel
Tel. 039931-50 651

Notfall-Rufnummern

Allgemeiner Notruf für jede Art von Notfällen, inklusive Lebensrettung am und auf dem Wasser sowie Feuerwehr: 112
Polizei-Notruf: 110
Achtung: Der UKW-Kanal 16 wird von der Rettungsleitstelle Müritz **nicht** abgehört.

Literaturhinweise

Nachfolgende Literatur sei jenen Sportbootfahrern empfohlen, die auf eigenem Kiel zur Müritz anreisen wollen:
Bodo Müller: Von der Elbe zur Müritz, Edition Maritim, Hamburg
Bodo Müller: Von Berlin zur Müritz, Edition Maritim, Hamburg
Bodo Müller: Gewässerkarte Deutschland Nordost: Elbe–Oder; mit Berlin und den mecklenburgischen Gewässern, Edition Maritim, Hamburg.

Röbel: Anleger Restaurant Seglerheim

Einfahrt in den Bolter Kanal (o.), die Marina Claassee bei Rechlin (u.)

Häfen und Liegeplätze

Stadthafen Waren
Der größte Hafen an der Müritz verfügt heute über 245 Liegeplätze mit folgendem Service: Strom, Wasser, WC, Dusche, Waschmaschinen, Wäschetrockner, Müllentsorgung, Fäkalienentsorgung, Bootstankstelle (Benzin, Diesel). Anschrift: Müritzstr. 14, 17192 Waren, Tel. 03991-66 67 54, Fax 03991-66 99 71.

Müritz-Marina Waren
Auf dem Gelände der ehemaligen Fischereigenossenschaft (gleich neben dem Stadthafen) stehen in geringem Umfang Gastliegeplätze zur Verfügung. Anschrift: Müritz-Marina GmbH, Jochen Nierste/Norbert Biegel, Am Seeufer 73, 17192 Waren, Tel. 03991-66 65 13.

Warener Segler-Verein e.V.
Zufahrt in den Hafen nur 1,20 m tief. 24 Gästeplätze mit Strom, Wasser, WC, Zeltplatz.

Sail Point Wassersportzentrum
Das Wassersportzentrum am westlichen Ortsende von Waren bietet 30 Liegeplätze mit folgendem Service: Strom, Wasser, WC, Dusche, Trailerslip, Ferienwohnung, Zeltplätze, bewachte Stellplätze für Wohnwagen und Trailergespanne. Sehr zu empfehlen für Kinder- und Jugendgruppen, da eigene Herberge (20 Personen) und Bootsverleih. Anschrift: Sail Point Wassersportzentrum, Kameruner Weg, 17192 Waren, Tel. 03991-66 66 90, Fax 03991-66 66 91.

Müritz Marina Kamerun
60 Liegeplätze an einer Schwimmsteganlage vor dem „Campingplatz Kamerun“. Service: Strom, Wasser sowie WC und Duschen auf dem Campingplatz, Tel. 03991-66 65 13.

Hafen Müritz Hotel Klink
Der zum Hotel gehörende Hafen verfügt über 12 Gastplätze mit folgendem Service: Strom, Wasser, WC, Dusche. Anschrift: Müritz Hotel Klink, Strandpromenade, 17192 Klink, Tel. 03991-140.

Hafen Schloss Klink
Der unweit vom Schloss Klink gelegene Hafen bietet 55 Liegeplätze mit folgendem Service: WC, Strom, Wasser und Duschen, Tel. 03991-74 70.

Wasserwanderrastplatz Sietow
Neue Hafenanlage vor Sietow-Dorf mit umfassendem Service: Strom, Wasser, WC, Duschen, Fäkalienentsorgung, Chemie-WC-Entsorgung, Trailerslip, Autokran (10 t), Motorenservice, Zubehörladen, Tauch-Shop, Bootshandel, Fischräucherei, Gaststätte, Ferienwohnungen, Abstellflächen für Gespanne, Winterlager, Tel. 039931-50 888 oder 50 872.

Wasser-Service-Center Röbel
Neue Anlage mit 55 Liegeplätzen in ruhiger Lage. Umfangreicher Service: Strom, Wasser, WC, Duschen, Tankstelle (Diesel, Super), Bootsshop, Gasflaschentausch, Fäkalienabsauganlage, Chemietoiletten-Entsorgung, Slip, Reparaturen, Trailerstellplätze, Winterlager, Tel. 039931-51 123.

Regattahafen Röbel
Sehr schöner und komfortabler Vereinshafen am nördlichen Ortsrand von Röbel. Gastplätze reichlich vorhanden. Service: Strom, Wasser, WC, Waschräume, Duschen, Zeltplatz, Gaststätte, Stellflächen für Gespanne, Kran (6,3t), Fahrradverleih. Anschrift: Röbeler Segler Verein Müritz e.V., Regattahaus, 17207 Röbel, Telefon Hafenmeister: 039931-59 198.

Die Ferienanlage Yachthafen Rechlin (o.), Marina Buchholz am Müritzsee (u.)

Anleger Hotel Seestern
Am hoteleigenen Holzsteg haben etwa 12 Boote Platz. Gäste sollten sich im Hotel melden, WC im Hotel, Tel. 039931-59 294.

Anleger Restaurant Seglerheim
Sehr beliebter Liegeplatz direkt an der aufs Wasser hinaus gebauten Terrasse des Restaurants. Bei rechtwinkligem Anlegen etwa 6 Plätze für Yachten. Service: Strom, Wasser, WC. An sonnigen Wochenenden zur Kaffeezeit bzw. zum Abendessen wird es manchmal sehr voll; ggf. vorab einen Liegeplatz reservieren lassen, Tel. 039931-59 181.
Achtung: Anleger ausschließlich für Tagesgäste des Restaurants, keine Übernachtung!

Stadthafen Röbel
Man liegt unweit vom Röbeler Stadtzentrum neben den Ausflugsschiffen. In der Saison unruhig durch Schiffsverkehr. Als Liegeplatz zum kurzzeitigen Einkaufen in Röbel geeignet, für längere Zeit jedoch wenig empfehlenswert. Service: WC sowie diverse Gaststätten in der Nähe.

Müritz Segel-Verein Rechlin
Der Vereinshafen am Ostufer der Kleinen Müritz (südliche Verlängerung der Müritz) bietet 20 Gastplätze an. Service: Strom, Wasser, WC, Duschen, Vereinswerkstatt, Trailerslip für kleine Boote, Mobilkran (1,5 t), der jedoch nur Boote bis 0,40 m Tiefgang kranen kann, weil es an der einzigen festen Pier so flach ist. Stellplätze für Trailer und Zelt. Anschrift: Müritz Segel-Verein Rechlin, Am Stadion 5, 17248 Rechlin, Tel. 039823-21 218 oder 21 248.

Ferienanlage Yachthafen Rechlin
Neue Schwimmsteganlage mit 84 Liegeplätzen und umfangreichem Service: Strom, Wasser, WC, Duschen, Waschmaschinen, Wäschetrockner, Fäkalienabsauganlage, Chemietoiletten-Entsorgung, Reparaturen, Trailerstellplätze, Tel. 039823-20 520.

Marina Claassee
Die dem Bootsvercharterer Kuhnle-Tours gehörende Marina Claassee (ehemals Yachtwerft Rechlin) wurde zu einer modernen Hafenanlage mit 230 Liegeplätzen ausgebaut. Der Service ist umfassend: Strom, Wasser, WC, Duschen, Waschmaschine, Wäschetrockner, Diesel-Tankstelle, Gasflaschentausch, Fäkalienabsaugstation, Chemietoiletten-Entsorgung, Bootsshop, Travellift, Trailerstellplätze, Winterlager.
Bemerkenswert ist der moderne Werftbetrieb, in dem Reparaturen aller Art ausgeführt werden können.
Anschrift: Kuhnle-Tours/Marina Claassee, Boekerstraße 1, 17248 Rechlin, Tel. 039823-26 688, Fax 039823-26 628, www.kuhnle-tours.de.

Bolter Kanal
Der blind endende Bolter Kanal gilt als schönster Naturhafen an der Müritz. Am Nordufer können etwa 30 Boote an einem hölzernen Steg längsseits gehen. Service: Strom, Wasser, WC, Duschen, Waschmaschinen, Wäschetrockner, Camping, Trailerstellplätze, Tel. 03823-25 310.

Tankstellen am Wasser

Stadthafen Waren
Bootstankstelle an der südlichen Pier innerhalb des Stadthafens: Benzin, Diesel. Täglich 08.00–19.00 Uhr, Tel. 03991-66 67 54.

Wasser-Service-Center Röbel
Bootstankstelle an der Einfahrt in den Röbeler Binnensee: Super, Diesel, Gemisch. Täglich 09.00–20.00 Uhr oder nach Vereinbarung, Tel. 039931-51 123.

Marina Claassee
Bootstankstelle an der Charterbasis von Kuhnle-Tours: nur Diesel. Montag–Samstag 08.00–17.00 Uhr (in der Hauptsaison bis 20.00 Uhr), sonntags nach telefonischer Anmeldung, Tel. 039823-26 688.

Geruhsame Fahrt auf der Kleinen Müritz

IMMER GUTE KARTEN

Diese Führer für Binnengewässer sind ideale Törnbegleiter mit Übersichtskarten, nützlichen Adressen sowie allen wichtigen Informationen zu Schleusen und Brücken, Ankerplätzen und Versorgung, Funk und Ausrüstung. Ideal für Urlaubstörns und Wochenendtrips in herrlichen Binnenrevieren.

VON BERLIN ZUR MÜRITZ

Mit Mecklenburger Kleinseenplatte

144 Seiten, 41 Fotos,
30 farbige Pläne,
Format 18 x 24 cm, gebunden

ISBN 3-89225-278-5

VOM RHEIN ZUR NORD- UND OSTSEE

Mit Flüssen und Kanälen zwischen Ems und Elbe

224 Seiten, 130 Fotos,
162 zweifarbige Strecken- und Hafenpläne, Format 18 x 24 cm, gebunden

ISBN 3-89225-446-X

GEWÄSSERKARTE DEUTSCHLAND

Nordwest:
Rhein – Elbe/Ems – Weser
Mit Mittellandkanal

32 Seiten, 1 farbige Faltkarte,
7 Fotos, Format 18 x 24 cm,
broschiert mit eingelegter Faltkarte in Stecktasche

ISBN 3-89225-342-0

GEWÄSSERKARTE BERLIN

Potsdam bis Scharmützelsee
Mit Havel, Spree und Kanälen

48 Seiten, 16 Fotos, 1 farbige Faltkarte, Format 18 x 24 cm, broschiert mit eingelegter Faltkarte in Stecktasche

ISBN 3-89225-436-2

Außerdem in unserem Verlagsprogramm:

Von der Elbe zur Müritz
Dömitz – Malchow – Waren/Müritz
Mit Störkanal und Schweriner See
96 Seiten, 54 Fotos,
28 farbige Pläne,
Format 18 x 24 cm, gebunden
ISBN 3-89225-256-4

Gewässerkarte Müritz
24 Seiten, 13 Fotos,
1 farbige Faltkarte,
Format 18 x 24 cm, broschiert mit eingelegter Faltkarte in Stecktasche
ISBN 3-89225-328-5

Gewässserkarten Deutschland
Nordost: Elbe – Oder/Mit Berlin und Mecklenburgischen Gewässern
32 Seiten, 7 Fotos,
1 farbige Faltkarte,
Format 18 x 24 cm, broschiert mit eingelegter Faltkarte in Stecktasche
ISBN 3-89225-341-2

Süd: Rhein, Main, Mosel, Donau, Neckar, Bodensee
32 Seiten, 24 Fotos,
1 farbige Faltkarte,
Format 18 x 24 cm, broschiert mit eingelegter Faltkarte in Stecktasche
ISBN 3-89225-343-9

Im Buch- und Fachhandel erhältlich

InfoLine 0521/559-292 od. -295 · Fax 0521/559-114 · *www.delius-klasing.de/shop*